Weil eine Welt mit Geschichten eine
bessere Welt ist.

Lucian Rehm

Lawinen und Taifune

Life is a story

schreib's auf
story.one

1. Auflage 2021
© Lucian Rehm

Herstellung, Gestaltung und Konzeption:
Verlag story.one publishing - www.story.one
Eine Marke der Storylution GmbH

Gesetzt aus Crimson Text und Lato.
© Fotos: (c) Lucian Rehm

Printed in the European Union.

ISBN: 978-3-99087-472-1

Für alle Couchsurfer und Surfer, die
Urlaub und Action lieben.

INHALT

Big Waves – erzähl mir mehr!

Jeder träumt von Wellen. Das Meer ist faszinierend und Brandung umso mehr. Nicht umsonst kam der legendäre Hawaiianer Eddie Aikau auf die Idee, die Monster auch zu bezwingen. Die Naturgewalt ins Gegenteil umzudrehen. Sich selbst der Kraft des Ozeans zu stellen und als Surfer die Wellen abzureiten. Und lange dauerte es nicht. Es machte richtig Spaß!

Brandung ist unangenehm. Für Badende und für Schwimmer. Wellen dagegen sind die Droge eines Wassersportlers, denn sie sind wie der Nervenkitzel auf einem Stier beim Rodeo. Erst muss man sich seinen Weg durch die auslaufenden Rollwellen zur Lineup bahnen – dem Startpunkt hinter der Welle – und mit Duck Dives auf Spur bleiben. Das ist die Technik, wie eine Ente unter den Wellen durchzutauchen und dabei möglichst wenig zurück zum Strand getrieben zu werden. Die Lineup ist ruhig wie ein See. Der Stress ist vorbei und man plaudert mit den anderen coolen Surfern. Alle warten auf die größte Welle des Tages. Trotzdem wird laufend gepaddelt, um Position zu halten. Abhängig vom Swell, also der

Größe der ankommenden Wellen, wird die Hoffnung ins Endlose gesteigert. Ich erinnere mich an Zeiten, als Wetterbedingungen nur spärlich und ungenau zur Verfügung standen. Surfen war ein reiner Glückssport. Niemand wusste, was einen erwartet. Doch mit zunehmender globaler Vernetzung sind heutzutage punktgenaue Swellprognosen möglich. Wenn beispielsweise über den Aleuten ein Blizzard das Meer aufschaukelt, weiß man genau, wann die Monsterwellen auf die Nordküsten der hawaiianischen Inseln prallen.

Ein regelrechter Massensurftourismus hat sich dank der potenten Sponsoren entwickelt. Nur wenn man dabei ist, bleibt man en vogue. Nur wer die größten Wellen vor Maui oder Nazaré gesurft ist, kann sich als ultimativer Waterman oder dank Top Surferinnen wie Maya Gabeira, auch als Waterwoman positionieren. Im Nachhinein eigentlich schräg, dass Jaws auf Maui Mitte der 90er Jahre noch ein geheimer Spot war, der mir damals nur unter Androhung von physischer Gewalt, niemandem etwas davon zu erzählen, gezeigt wurde. Alles hat sich verändert und das ist auch gut so. Immer mehr Profis und Möchtegernkönner zeigen mittlerweile eine Klasse, die früher undenkbar erschien. Der Mainstreamfilm

'Surfing Giants' stellte als erster einem breiten Publikum das Big Wave Surfing vor. Große Wellen surfen? Geht das?

Ja, sie waren extrem hoch und ihre Bezwingung schwerer als jemals vorstellbar. Die Produzenten wussten nur damals nicht, dass die größten Wellen der Welt nicht vor Hawaii, Teahupoo bei Tahiti, Cortez Banks mitten im Pazifik, Shipsterns Bluff vor Tasmanien oder Mavericks bei Frisco zu finden sind, wie sie in ihrem Film glaubten. Bis heute gilt der Graben vor Nazaré als ultimative Beschleunigungsrampe für weitgereiste Windwellen, die sich dann zu den größten Wellen der Welt direkt vor Europa aufbäumen. Doch was ist das Geheimnis von Nazaré und wie überlebt man diese Monster? Alles darüber in Kürze.

Das Geheimnis von Nazaré

Die größte Welle der Welt? Wer sagt das?

Seit mehr als einem Jahrhundert streiten sich Wissenschaftler, Hobbyozeanologen und Sportler über die Höhe einer Welle. Wie kann man sie genau messen? Klar. Vom Wellental zum Wellenscheitel. Aber wie sieht das in der Praxis aus? Kurz gesagt, die Lösung liegt zwischen der Übertreibung der Surfer und der Untertreibung der Wissenschaftler. Wenige wissen, dass schon eine zwei Meter hohe Welle für einen Menschen tödlich sein kann. Mit jedem weiteren Meter steigert sich die Kraft des Wassers nahezu exponentiell. Kein Wunder! Das Gewicht von einem Kubikmeter Wasser liegt bei etwa einer Tonne. Eine richtige Big Wave mit einer Höhe von 25 Metern bewegt daher zigtausende Tonnen Wasser. Doch warum brechen nicht alle Wellen auf der Welt gleich?

Die Wassertiefe ist dafür entscheidend. Eine Welle ist daher umso höher, je untiefer das Wasser darunter ist. Das erklärt, warum große Wellen nie über tiefem Wasser brechen. So entstehen surreale Videos, auf denen eine unfassbar große Welle links im Bild bricht, während rechts ein Touristenboot über dem tiefen Wassernur leicht hin und her schaukelt. Genau das passiert auch auf der schönsten Welle der Welt nahe Tahiti: Teahopuu oder Dschopuu, wie die Locals sagen. Dort kann jeder Tourist den gefährlichen Ritt eines Hasardeurs auf dem Surfbrett aus nächster Nähe beobachten, ohne dabei Gefahr zu laufen, in der Impact Zone von den Wellen erschlagen zu werden. Worin liegt also das Geheimnis der größten Welle der Welt?

Nazaré ist ein unscheinbares Fischerdorf an der Küste Portugals, das über Nacht Weltruhm erlangte. Der in der Szene umtriebige Surfoldie Garrett McNamara aus Hawaii bekam den Geheimtipp, dass dort Megawellen auf die Küste knallen. Er packte sein Zeug zusammen, erwischte einer der besten Tage und ging mit seinem Höllenritt in die Surfgeschichte ein. Er surfte die bis dato höchste Welle der Welt und filmte nebenbei alles mit. Sein Videoclip ging um die Welt und machte ihn zum Star. Und Nazaré ebenfalls.

Nur wenige Menschen wissen, dass echte Big Waves nur an wenigen Tagen im Jahr brechen.

Lange Zeit blieb Mavericks bei Frisco nur bei den Locals eine beliebte Spielwiese, während sich die Pros auf Hawaii im Rampenlicht der scheinbar größten Wellen der Welt sonnten. Dabei bricht etwa Mavericks im besten Fall nur ein paar Mal pro Jahr. Das liegt daran, dass diese Wellen durch extreme Winterstürme am anderen Ende des Ozeans erzeugt werden. Kein Megasturm, keine Big Wave. Ganz einfach. Wellenimpulse reisen hunderte bis tausende Kilometer quer über den Ozean mit über 700 km/h, bevor sie sich zu Monstern aufbäumen. Vor Nazaré liegt der längste Unterwassergraben der Welt, der bei idealer Richtung der Swells das Wasser über dem Riff zu gigantischen Wellen aufstaut. Das Geheimnis ist gelüftet. Bis heute gelten die Big Waves vor Nazaré als die größten Windwellen auf unserem Planeten. Und wer's nicht glaubt, darf selbst hinfahren.

Im Auge der Welle

Keine Luft. Völlige Dunkelheit. Exzessive Schleuderbewegungen. So sieht es im Inneren einer Big Wave aus. Doch wie kommt man überhaupt in so eine missliche Lage und warum ist es so einfach, das zu überleben?

Im Allgemeinen gibt es nur eine einzige erstrebenswerte Variante, unter einer Welle zu landen. Man sucht sie sich bewusst aus und reitet sie ab. Gleich ob mit Windsurfbrett, Wellenreiter, Bodyboard, Foil oder gar Motorrad mit Gleitflügeln, wie Robbie Maddison vor Tahiti. Auf alle anderen Arten von Wellen möchte ich nicht eingehen. Nur wer sich auskennt, sollte daher die Nähe zum Meer suchen, wenn Wellen brechen. Also Vorsicht: Rippströmungen helfen beim Ertrinken, Freak Waves überraschen durch einzelne Monsterwellen und Tsunamis sind ja spätestens seit 2004 weltbekannt.

Zurück zum Surfen. Es gibt einen alles entscheidenden Unterschied zwischen Wellenreiten und Snowboarden: Surfen ist wie Snowboarden, wenn man von einer Lawine verfolgt wird. Jede

Welle ist eine Lawine, die einen begraben kann. Irgendwann bricht sie und fällt mit gewaltiger Zerstörung in sich zusammen. Technisch gesehen ist jede Welle der Welt anders, so wie es auch niemals zwei identische Schneeflocken gibt. Sie ist ein dynamisch gebauter Abhang und die Größe bestimmt die Wucht. Schon ab zwei Metern Höhe gelten Wellen auch für trainierte Zeitgenossen als lebensgefährlich. Doch was passiert wirklich im Inneren eines brechenden Monsters?

Ein unter dem Boot durchrasender Wellenimpuls wird nur durch ein leichtes Auf und Ab wahrgenommen. Genauso friedlich ist es hinter einer Welle. Dort ist das Wasser flach wie der Bodensee. Vor der Welle hingegen ist alles anders. Da hängt es davon ab, ob man direkt getroffen wird oder die Welle noch vor einem einschlägt. Im Surferjargon wird oft die gleiche Metapher erzählt: Es ist wie ein Sturz aus dem Fenster im dritten Stock eines Hauses, das danach zusammenstürzt – direkt auf den Surfer drauf. Klingt brutal? Ist es auch. Dann folgt die berühmte Waschmaschine. Schleudergang ohne Luft. Sekundenlang. Eine gefühlte Ewigkeit. Sollte man das Glück gehabt haben, nicht gleich auf dem Riff mit Arm oder Gesicht aufgeschlagen zu sein, erspart man sich wenigstens blutige

Schnittwunden. Irgendwann kehrt dann das Licht zurück. In völliger Orientierungslosigkeit treibt man zur Oberfläche. Es gibt kaum ein schöneres Gefühl, als dann wieder die Sonne zu sehen. Luft anhalten, Welle überleben. Es ist simpel. Doch wie trainiert man das?

Noch heute schleppen selbsternannte Watermen Steine in 10m Wassertiefe am Meeresboden entlang, um den Sauerstoffmangel bei gleichzeitiger körperlicher Höchstleistung zu simulieren. Mein Trick war die Radiouhr im Mietwagen: Einfach bei der Fahrt irgendwann schlagartig die Luft anhalten und erst wieder zu atmen, wenn die Minute umgesprungen ist. Da man den Sekundenstand nicht kennt, ist alles zwischen 1 und 60 Sekunden möglich. Perfektes Training. Ab in die Wellen!

Taifun Saison ist vorbei

Es war im November 2013. Zuerst der Businesstrip nach Singapur und Hong Kong, dann der wohlverdiente Kurzurlaub auf den Philippinen. Am Airport in Manila begrüßte mich mein langjähriger Freund Mike, der eigentlich perfekt Deutsch spricht, mit den Worten: Hi Luke, sorry, but typhoon season is over! Dafür aber jeden Tag Sonne, Traumstrände und bis zu 25 Knoten Wind zum Windsurfen. Er wusste, dass ich ihn schon oft nach den Taifunen gefragt habe, die jährliche über seine Heimat fegen. Vor allem die berüchtigten Super Taifune, also ab Stärke 4 der Saffir-Simpson Hurrikan Windskala, haben mich immer irgendwie fasziniert. Na gut. Diesmal nicht. Es war ja auch schon zu spät im Jahr für die Taifun-Saison. Von Manila aus ging es direkt nach Coron, einer Trauminsel im Pazifik. Kein Internet in der Strandhütte auf Stelzen, keine unnötigen News, kein Wetterbericht. Nach drei Tagen wollte ich tauchen gehen und das Wetter schlug in der Nacht davor um. Es donnerten die Regentropfen auf das Dach, ein Höllenlärm! Zusätzlich wurde der Wind immer stärker und bei meiner Angst, dass nicht das ganze

Dach davonfliegt, unterstützte mich der eine oder andere Mai Tai. Am nächsten Morgen rechnete ich fix mit einer Absage des Tauchtrips, doch es kam anders. Von insgesamt fast 60 Tauchbooten stornierten 57 ihren Trip, nur unseres fuhr mit zwei anderen zum Tauchspot. Glück gehabt, oder doch nicht?

Mit der Zeit regnete es immer heftiger und nach kurzer Zeit blies kein normaler Sturm mehr, sondern ein richtiger Orkan. Die Regentropfen flogen horizontal durch die Luft. Die weiße See war voller Schaum und Gischt. Endlich erreichten wir nach ca. drei Stunden den Tauchspot und noch nie hatte ich mich auf das Abtauchen so gefreut, wie an diesem Tag: Endlose Ruhe und keine Monsterwellen, die einen hin und her schleudern. Beim Wracktauchen gebe ich zu, dass ich immer besorgte Blicke nach oben warf, weil ich irgendwann von einer gewissen Furcht gepackt wurde, unser Boot würde sinken und mich am Meeresboden begraben. Zum Glück ging alles gut. Angekommen an der Wasseroberfläche war es, als würde man die warme Skihütte verlassen und mitten in einen Blizzard knallen. Es war der nackte Wahnsinn und selbst das Erklimmen der Bordwand gestaltete sich äußerst schwierig. Weiter ging es ins Lee einer Insel zum nächsten Tauchgang. Fast windstill, dafür immer noch trübe Sicht. Schließlich hörte auch der Regen auf und wir fuhren einen Riesenumweg zurück nach Coron. Irgendwie kam es mir ja schon komisch vor, wenn man in einem Outriggermotorboot durch nebelartige Sichtwände aus Gischt fährt, aber erst am Abend erfuhr ich: Tropensturm Wilma war gerade über Coron gefegt und Super Taifun Haiyan schon im Anmarsch. Im Internet Café half mir www.wunderground .com und ein kurzer Blick auf meine klapprige Strandhütte bei der Entscheidung, noch mit dem letzten Flug die Insel zu verlassen. Ich sollte Recht behalten.

Ein paar Tage später war Coron wie ausgelöscht.

Dem Super Taifun entgegen

Coron verlassen und mit dem letzten Flieger in Manila gelandet. In Sicherheit und mit Mike & Freunden unterwegs in Greenbelt. Es musste immer Black Label sein bei ihnen, etwas anderes kam nie auf den Tisch. Zeit für neue Pläne. Wozu also drei Tage lang in Manila vom Taifun eingeregnet werden, wenn man noch Sonne auf Boracay genießen kann. Kurzsichtige Entscheidung! Mobil in der Bar den Flug gebucht und am nächsten Vormittag fast alleine an Bord. Landung auf der Nachbarinsel in Malay. Bootstransfer nach Boracay. Als mich die Massen hinter Zäunen auf der Insel erwarteten, die alles versuchten, um noch vor dem Super Taifun den Hafen und die Insel zu verlassen, wurde mir leicht mulmig. Doch als Windsurfer und Hobbymeteorologe buchte ich ein Zimmer im 5*Luxushotel aus Beton mit Fenstern zur windabgewandten Westseite, einer massiven Holztüre und alles im zweiten Stock wegen möglicher Flutwellen.

Der Tag vor dem Einschlag war perfekt und surreal. Traumhafte 25 Knoten im Osten beim Windsurfen. Kristallklares Wasser beim Schnorcheln am Riff auf der Westseite. In den Bars herrschte am Abend vor dem Taifun alles andere als Untergangsstimmung. Party und Galgenhumor ersetzte die Angst. Der deutsche Tauchschulbesitzer erzählte mir mit einem gleichgültigen Lächeln, dass morgen alles weg sein werde, was er in den letzten 25 Jahren aufgebaut hat, während er sein Bier schlürfte. Angesichts der drohenden Apokalypse versuchte er nicht einmal, seine Hütten irgendwie zu sichern. Damals fand ich es seltsam, doch im Nachhinein völlig verständlich. Denn wenn ein Super Taifun einmal zuschlägt, wird fast alles dem Erdboden gleichgemacht.

Am nächsten Morgen ging es noch aufs Wasser. Erwartete Ankunft von Haiyan gegen Mittag. Die Vorboten ließen es aber schon so fest krachen, dass wir über 40 Knoten Wind hatten. Als sich dann eine Wand aus Gischt und Nebel näherte, verabschiedete sich mein Surfschwede mit den Worten: wenn ich jetzt nicht aufhöre, wird mich nicht der Taifun, sondern meine Frau umbringen! Guter Zeitpunkt zum Aufhören. Mittlerweile wurden Zäune umgeworfen. Nach einer halben Stunde wurden erste Dächern abgedeckt. Nahezu horizontal fliegende Kokosnüsse machten dann den Platz ganz vorne am Strand

zum Sichersten. Jetzt wurde mir bewusst, dass die
größte Gefahr von den berühmten Debris aus-
ging und erst dann von den Flutwellen. Und das
Chaos wurde immer schlimmer. Nicht einmal
100 Meter Sicht aufs Meer, brechende Palmen-
zweige und herumfliegende Dachziegel. Ich ver-
steckte mich hinter einer Hauswand und filmte
mit der Helmkamera den einschlagenden Taifun:
vorsichtig, nur eine Hand in den Wind haltend.
Da passierte etwas Unglaubliches! Ein Moped
fuhr mit zwei Locals mitten durchs Bild. Völlig
schräg gegen den Wind lehnend. Einfach so. Das
ist das Bewundernswerte an den Menschen, die
dort leben: sie machen einfach immer weiter,
komme was wolle. Doch diesmal sollten sie nicht
Recht behalten. Der Tod klopfte an.

Haiyan zeigt seine Zähne

Der Strom war ausgefallen. Sicherheitshalber hatten wir uns mit genug Bargeld und Lebensmitteln ausgestattet. Es sollte sich als weise Entscheidung entpuppen. Nur zeitweise funktionierte das Notstromaggregat. Der Fernseher lief, doch der Empfang setzte immer häufiger aus. Alle auf der Welt konnten den genauen Pfad von Haiyan sehen, nur wir nicht. Das sollte noch ein Riesenproblem werden.

Skurrile Szenen ereigneten sich in der Lobby. Koreanische Touristen mit Sonnenschirmchen wagten sich vor die Türe. Ein kurzer Windstoß und weg war der Schirm. Ein ungläubiger Blick gen Himmel und die Flucht zurück ins Hotel. Derweilen arbeiteten aber noch Bauarbeiter auf der gegenüberliegenden Seite auf einem Gerüst. Als Windböen jenseits der 100 Knoten das halbe Gerüst wegwehten, stellten sie ihre Arbeit ein – aber nur vorübergehend. Das ist die philippinische Mentalität und Ruhe, wenn durchschnittlich mehr als 20 Taifune pro Jahr über die Inseln fegen.

Die Front von Haiyan, der übrigens auf den Philippinen Yolanda heißt, zog über die Insel. Die meisten Bäume im Hotelgelände wurden abgeknickt. Das Krachen der berstenden Zweige war ebenso intensiv, wie der Lärm der aufgebrochenen Holzfenster im Gang. Die gesamten Wertsachen hatten wir im massiven Badezimmer in Sicherheit gebracht, doch als die massive Zimmertür aufkrachte und der Wind sich seinen Weg zum aufgepressten Fenster bahnte, war die Stimmung grenzwertig. Gegenüber flog derweilen peu à peu das Hoteldach davon und das Schwimmbecken im Innenhof glich einem Whirlpool.

Nach dem Fixieren der Türe wollte ich mir am Weststrand ein Bild von den Urgewalten machen. Palmen knickten krachend ab und selbst die Locals versteckten sich mit einem ungläubigen Kichern hinter den Häusermauern. Der Wind drehte langsam. Es wurde immer extremer. Die Meinung, dass Taifunwinde konstant blasen, ist ein Ammenmärchen. Windböen heulen dauernd auf – von etwa 40 bis weit über 100 Knoten – und gehen dann wieder zurück. Ein ewiges Auf und Ab, wobei aber fast nur die Spitzenböen Zerstörung verursachen. Waren wir jetzt am Ende vom Augenwall und somit gleich im Auge des Taifuns?

Keine Nachrichten, kein Satellitenbild half uns. Gefangen von Haiyan auf einer Insel im Pazifik. Die Verwüstung war endlos und es wurde langsam dunkel. Eine Nacht der Ungewissheit stand bevor. Erstmals fragte ich mich, ob es wirklich so eine gute Entscheidung war, die sichere Wohnung in Greenbelt gegen das Hotelzimmer von Boracay auszutauschen, nur um ein paar Tage Strand zu erleben.

Irgendwann ließ der Wind abrupt nach. Jetzt waren wir wohl im Auge von Haiyan. Plötzliche Stille. Ich erinnerte mich an die Story des Hotelmanagers vom letzten destruktiven Taifun, der hunderte Menschenleben gefordert hatte. Im Irrglauben brachten die Fischer ihre Boote im Westen in Sicherheit. Als der Taifun dann seine Richtung änderte und kehrt machte, erwischte es mehr Menschen als je zuvor. Wie viele Menschen würden jetzt sterben?

Tödlicher Countdown

Waren wir wirklich im Auge des Taifuns? Es wurde jedenfalls mitten in der Nacht schlagartig ruhig. Die extrem lauten Windböen ebbten ab. Der Lärm der peitschenden Palmenwedel ließ nach. Da fiel mir eine Story eines Überlebenden vom Hurrikan Iniki ein, als das Auge direkt über sein Hotel auf Kauai zog. Er beschrieb, dass zuerst der Augenwall laut und kreischend wie ein D-Zug über sie hinweg zog. Dann folgte mit dem Auge eine unglaubliche Stille und er sah im Freien die Sonne und den blauen Himmel. Danach erneut Exzess. Alles wiederholte sich, als der rückwärtige Augenwall zuschlug. Dort werden auch immer die höchsten Windgeschwindigkeiten gemessen und führen je nach Zugrichtung eines Hurrikans zu extremen Zerstörungen.

Keine Information, aber immerhin Licht vom Notstromaggregat und eine immer länger andauernde Stille. War der Zug des Taifuns verlangsamt worden oder gar direkt über uns zum Stehen gekommen? Die Ungewissheit und Angst vor der bevorstehenden Katastrophe sorgte bei uns für ein mulmiges Gefühl. Da wir unsere Situation nicht verbessern konnten, feierten wir kurzerhand eine Zimmerparty mit den gebunkerten Vorräten und ignorierten den nächtlichen Regensturm. Immerhin waren wir an einem der sichersten Plätze der ganzen Insel.

Am nächsten Morgen ging die Sonne wiederauf. Touristen tummelten sich am Strand und machten Selfies mit sich und dem Meer. Strandburgenbauer hatten ein neues Motiv gefunden: I survived Yolanda in Boracay. Gegen ein paar Pesos durfte man sich damit fotografieren lassen. In den Restaurants und Bars hingen Schilder mit 'Thanks Typhoon is over'. Noch immer sah ich an der Rezeption den alten 3-Tages-Wetterbericht: Sonne-Taifun-Sonne. Doch was war wirklich passiert?

Das Bargeld und die gehorteten Vorräte sollten sich als Glücksgriff herausstellen. Tagelang gab es keinen Strom und somit funktionierte weder Kreditkarte noch ATM. Hätten wir nicht vorgesorgt, wären wir wohl wie andere in der Tauschwirtschaft gelandet.

Erst nach Tagen fand ich heraus, was passiert war. Der Taifun drehte in letzter Sekunde leicht nach Süden ab und das Auge verfehlte uns knapp. Stattdessen traf es die Nachbarinsel Panay mit voller Wucht. Unzählige Tote waren die Folge. Besonders hart erwischte es auch die Insel Coron, von der wir in letzter Minute fliehen konnten. Bilder von meinem Hotel zeigten, dass alles dem Erdboden gleichgemacht war. Den härtesten Treffer aber landete Yolanda in Tacloban. Die aufgepeitschte Flutwelle war über sieben Meter hoch und es ertranken sogar Menschen im zweiten Stock der Kirche. Alles wurde ausradiert. Wir hatten jedenfalls Glück und der Zusammenhalt war groß. Meinem Schweden half ich, seine Surfstation etwas vom Chaos zu befreien.

Ja, dies war und wird mein erster und letzter Taifun sein. Als Tourist stieg ich in den Flieger und war weg. Aber die Menschen dort, die jedes Jahr den Taifunen trotzen und immer wieder aufs Neue weiterkämpfen – das sind die wahren Helden.

Kein Eishotel bei -66 Grad

Lappland. Rentiere. Eishotel. Die meisten
kennen Jukkasjärvi aus den unzähligen TV-Do-
kus oder von Traveller Blogs. Hinfahren lohnt
sich. Nur nicht für mich. Denn ich bekomme lei-
der keinen Cent für die Werbung. Trotzdem ist
es wirklich cool, mitten im Winter Lappland zu
erkunden. Kurzer Stopp in Stockholm und ab
nach Kiruna jenseits des Polarkreises. Ein Blick
auf das Kältometer: -21°C. Ja, wir waren richtig.
Der Pilot hat sich nicht verflogen. Dann ein kurzer Saunabesuch im besten Hotel der Eisenerz-
siedlung. Dank meines schlechten Schwedischs
erfreute mich am Eingang zum Wellnessbereich
das Schild: 'Glömde du din öl? Inga problem.
Köp den i receptionen!' – auf Deutsch: nix Bier,
nix Sauna. Zum Glück war ich schon Profi und
betrat die finstere Sauna mit zwei Dosen Starköl.
Das Zischen von Bierdosen beruhigte mich und
sagte mir, dass ich nicht alleine war. Ich versuchte
kein Zuprosten. Ich bin schon mal eingefahren.
Ja. Ein Schwede redet selten in der Sauna, ein
Finne gar nicht. Da fiel mir der Witz eines
Schweden ein: Zwei Finnen betreten die Sauna,
beide mit Bier bewaffnet und öffnen es. Nach ei-

ner Weile sagt der eine: Kippis, also Prost. Der andere schaut schockiert. Nach einer halben Stunde sagt er: Sind wir hier zum Trinken oder zum Reden?

Das Schöne an Vorurteilen ist: Sie stimmen auch. Nachdem ich einige Freunde in Skandinavien habe, dauerte es nicht einmal 19 Jahre, um das zu verstehen. Aber jetzt weiß ich, warum es so ist und ich schätze es sehr.

Am nächsten Tag ging es zum Snowmobilfahren nach Jukkasjärvi. Ich werde nie vergessen, wie sich das Kältometer im Auto nach jedem Kilometer um ein Grad nach unten schaukelte. Es war wie ein zusätzlicher Kilometerzähler. Angefangen bei minus 16 Grad erreichten wir das Blockhaus bei genau minus 33 Grad. Es war Winter. Keine Mitternachtssonne. Nicht einmal irgendein Sonnenstrahl, denn die Sonne versteckt sich den ganzen Tag unter dem Horizont. Los ging es mit dem Snowmobil. Errechneter Windchill von -66°C bei 90 km/h! Ich Idiot! Bei der ersten Fahrt machte ich noch den Fehler, die Skibrille vor dem Losfahren aufzusetzen. Keine gute Idee. Ein einziger Atemstoß verwandelte das Innere der Brille in Eis. Null Sicht. Beim zweiten Run war ich schlauer. Erst mit dem Fahrtwind

nach dem Losfahren aufsetzen und ... tataaa:
Sicht!

Hätte ich damals gewusst, dass wir auf einem
Fluss unterwegs waren, wäre mir anders gewor-
den. Selbst bei Extremtemperaturen ist ein Fluss
nie vollständig gefroren. Die perfide Strömung
ist schuld. Mehrere Passagen meisterte ich nur
mit Vollgas, sonst wäre ich eingebrochen. Dann
Vollcrash in eine plötzlich auftauchende Schnee-
wehe. Jetzt sollte mein Rücken erfahren, dass ein
Snowmobil 400kg wiegt. Es war olympisches Ge-
wichtheben bei -33°C. Aber besser kurz sterben,
als lange erfrieren. Der verzweifelte Suchtrupp
vom Veranstalter fand mich dann mitten im
Wald vor dem Blockhaus in völliger Dunkelheit.
Es stand ja auch im Prospekt: Abenteuer Snowmobilfahren.

Nordkapp im Winter

Das Beste vorweg: Du bist ganz alleine. Nur der Schneeräumer und Du. Keine Touristenmassen. Angenehme polare Kälte. Erfrischende Blizzards. Gigantische Schneewechten, die quer über die Straße reichen. Ohne Spikes auf den Winterreifen geht gar nichts. Die klassische Abenteuerromantik? Ja, wer sie sucht, findet sie hier. Doch welcher Narr fährt wirklich mitten im Winter zum Nordkapp?

Es war immer meine Traumdestination. Sehnsucht Lappland. Einmal am Ende von Festlandeuropa zu stehen. Der direkte Blick zum Nordpol, wenn nur dieses Spitzbergen nicht die Sicht versperren würde.

Viele Wege führen zum Nordkapp. Auf der bequemsten Route schleicht das legendäre Postschiff der Hurtigruten von Oslo aus über das Nordkapp bis nach Kirkenes zwischen Finnland und Russland. Alle Fjorde am Weg querend. Landgang ohne Ende. Touristenabzocke inkludiert. Eine sehr kommode Reise. Das andere Extrem ist Carsten Fleck. Er fuhr die 4000km mit dem Fahrrad zum Nordkapp. Was nur wenige Menschen wissen: Die größten Gefahren bei seiner Tour waren nicht die Elche, sondern der Verkehr. Selbst schleichende Wohnmobile werden im Tunnel zur Gefahr. Wäre er doch nur im Winter gefahren!

Wir hingegen freuten uns über jedes entgegenkommende Auto. Wenn man irgendwann einmal nur mehr Elche und Rentierherden sieht, explodiert die Sehnsucht nach der menschlichen Begegnung. Doch auch das Glück in den Augen der Rentiere strahlt Energie aus. Sie stapfen durch meterhohen Schnee und graben auch bei minus 40 Grad nach Futter. Im Sommer trotzen sie Myriaden bissiger Moskitos, die sich als schwarze Schwärme fortbewegen und unbarmherzig zuschlagen. Dann weichen die Rentiere in höher gelegenes Terrain aus, obwohl dort nicht das saftige Gras wächst. Sie sind wahre Kämpfer über das ganze Jahr hinaus. Wer noch nie den faszinierenden Blick eines Rentiers erhaschen konnte, sollte alleine aus diesem Grund nach Lappland fahren!

Freiheit. Einsamkeit. Selbstfindung. Keine Schlagworte, sondern Realität. Im Winter verschmilzt der Mensch mit der Natur. Die Sonne eiert knapp unterhalb des Horizonts hin und her. Keine totale Dunkelheit am Tag. Das ist ein Märchen. Auch wenn die Sonne nicht mehr über den Horizont steigt, kommt gedämpftes Tageslicht an. Wie bei uns im Winter. Trotzdem ist es schräg, wochenlang die Sonne nicht mehr zu sehen. Da helfen als Placebo nur Tonnen an Vitamin D und der Gedanke an die Mittagssonne über Maui.

Das Nordkapp war relativ unspektakulär. Nach kurzem Irrlauf im Tiefschnee standen wir vor dem berühmten Denkmal der Kinder der Welt. Zum Glück stellte sich das Sichtproblem mit Spitzbergen als unbegründet heraus, denn wir sahen nicht einmal das Meer. Lag das am aufkommenden Blizzard?

Irgendwann wehte der Orkan unser Auto fast in den Fjord. Völlige Dunkelheit. Es schneite nicht, doch der Schnee flog horizontal. Wir krachten in eine gigantische Schneewechte. Dann ging uns der Sprit aus. Ende. Aus.

Lofoten hoch!

Wer auf seiner Bucket List die Lofoten noch nicht eingetragen hat, sollte dies tun. Jeder kennt sie. Kaum einer weiß, wo sie genau liegen. Irgendwo im Norden von Norwegen. Kleine Inseln, die mit sensationellen Brückenkonstruktionen oder Fähren verbunden sind. 'Lofoten hoch!' schrie der Schurke bei Otto Waalkes. Gut zu wissen, wenn man überfallen wird. Zum Glück ist es da oben so friedlich, dass sogar Todfeinde wie Papageientaucher und Raubmöwen zusammen Party feiern.

Auf den Lofoten ist das Klima sehr frisch. Glauben Sie nicht den wunderschönen Prospektfotos vom Sommer: glänzender Sonnenschein. Blauer Himmel über romantischen Fischerdörfern. Azurblaues Meer zwischen grandiosen Fjorden. Pittoreske Fjells und überwältigende Sonnenuntergänge. Stimmt. Aber saukalt. Es sind polare Inseln umgeben vom eisigen Atlantik. So wird man nicht ohne Grund mit einem speziellen Diplom geadelt, wenn man nach der Sauna in den Atlantik springt. Sie haben +1,8° C vor Zeugen überlebt. Das stand auf meiner Urkunde. Ich denke, das hat sicher noch Potenzial nach unten.

In Unstad liegt der wohl bekannteste Surfspot nördlich des Polarkreises. Dort bricht eine saubere Left, also eine Welle von Links. Am besten bei Ebbe. Sogar Surfschulen fassten Fuß in dieser kleinen Bucht. Mittlerweile ist dieser Spot rund um den Globus bekannt. Einmal im Jahr messen sich die Besten der Besten beim Lofoten Masters, dem nördlichsten Surfcontest der Welt. Aus aller Herren Länder strömen sie dann auf die Lofoten. Ob da wirklich die Vorfreude dominiert oder die Angst vor den perfiden Temperaturen? Ich denke, es ist die gesunde Mischung aus Masochismus, Abenteuerlust und Freiheitssuche. Nichts für Weicheier und Warmduscher.

Auch uns packte damals die Neugier und wir stürzten uns in die Wellen. Obwohl wir beide in einen dicken 6mm Neopren eingehüllt waren, lagen wir schlotternd auf dem Surfbrett im Wasser. Inmitten schlechter Wellen, die zu allem Übel auch noch immer kleiner wurden. Immerhin waren wir nicht ganz alleine. Ein dritter Abenteurer kämpfte sich durch die Brandung. Die Strömung war stark. Nur konstantes Paddeln verhinderte, in Richtung der Steine getrieben zu werden. Trotz der Dauerbewegung wurde uns nicht wärmer. Irgendwann fing es dann an zu tröpfeln. Dann zu schütten und auch der Wind wurde immer schneidiger. Sehr kuschelig. In Gedanken beamte ich mich nach Hawaii, doch die nächste Welle, die mir um die Ohren schlug, holte mich wie eine Ohrfeige zurück nach Unstad. Ein kurzer Blick zum düstergrauen Himmel zauberte mir ein Lächeln ins Gesicht: Schlimmer konnte es nicht mehr werden.

Ich sollte mich irren. Beim Umziehen beobachtete ich, dass es mittlerweile schon harter Schneeregen war, der horizontal gegen die Autofenster schlug. Nur nichts im Mietwagen nassmachen. Lieber vor dem Auto umziehen und den Kältetod sterben. Ist es nicht schön, wenn in Extremsituationen auch noch der Geist aussetzt? Lofoten hoch drei. Ein eisiger Traum!

Lawinenairbags – die trügerische Sicherheit

Immer öfter taucht er auf der Piste und in der Gondel auf – das ultimative Utensil für sicheres Freeriden im Pulverschnee und Backcountry – der Lawinenairbag. Laut Herstellern die beste Möglichkeit, eine Lawine zu überleben, doch stimmt das wirklich?

Ein Lawinenairbag ist ein Rucksack zur Steigerung der Überlebensquote in einer schon ausgelösten Lawine. Die Funktion ist einfach. Während ein Airbag im Falle eines Unfalls sich sekundenschnell aufbläst, um den Schockstoß des Aufpralls mittels Luftkissen zu mindern, handelt es sich bei einem Lawinenairbag eher um eine Art Boje. Sie hält den Wintersportler in einer Lawine oben, verhindert tiefe Verschüttungen und kann in Folge die Überlebenswahrscheinlichkeit signifikant steigern. Glaubt man dem Marktführer ABS, liegt diese bei über 85 %. Scheinbar ist es ein Muss, diesen zu besitzen. Aber kann ein Airbag wirklich das Risiko minimieren?

Die Produzenten werben damit, wie leicht es

ist, den Wintersportler mit einem Airbag in der Lawine oben zu halten. Dieses Thema ist jedoch viel komplexer, als es der Laie vermuten würde. Der Zeitpunkt des Auslösens ist entscheidend. Befindet man sich beim Lawinenabgang unterhalb im Hang, muss man eine weitreichende Entscheidung treffen, die man ohne Airbag nicht treffen müsste: ziehen oder nicht ziehen. Ohne Airbag gibt es nur eine einzige Rettung: Um sein Leben fahren. Mit Airbag endet man im Dilemma, dass ein Skifahrer mit ausgelöstem Airbag aufgrund des großen Luftwiderstands nicht mehr flüchten kann und über alle Felsen, Steine, Bäume oder Sträucher mitgerissen wird.Folglich bleibt der Skifahrer zwar oben, wird aber durch das kantige Terrain womöglich schwer bis tödlich verletzt.

Mit der bewussten Entscheidung, den Airbag nicht auszulösen, bleibt die sicherste Variante im Spiel: davonfahren und aus dem Schussfeld nach links oder rechts zu queren. Dazu muss genügend Auslauf, sowie Vorlaufzeit existieren. Die Fluchtvariante ist also die beste Option, eine Lawine zu überleben. Jede andere Strategie endet in der Lawine. Es ist übrigens nahezu unmöglich ist, den Lawinenairbagauslöser noch zu ziehen, wenn man sich bereits in einer Lawine befindet. Einmal gestürzt bleibt der Auslöser unerreichbar. Dazu kommt der soziale Druck. Wenn in einer Gruppe nur einer den Airbag trägt, kann ich garantieren, dass dieser zuerst in den frischen Hang hineinfahren muss.

Fazit: Das Tragen eines Lawinenairbags ist in ⅔ der Fälle kontraproduktiv und nur in baumfreien Runs sinnvoll. Keinesfalls jedoch im typischen Backcountry von Österreich, das durch Wald und Fels führt. Somit überwiegen die Nachteile. Ganz anders ist es für Tourenskigeher, Schneeschuhwanderer oder Bergsteiger. Für diese Gruppe ist das Tragen eines Lawinenairbags völlig anders einzuschätzen und eher vorteilhaft.

Die beste SSS

Was bitte ist spannend an einer Geschichte über Saisonkarten für Skifahrer?

Sollten Sie noch nie über den Kauf einer Saisonkarte nachgedacht haben, ist genau jetzt der richtige Zeitpunkt. Die Skigebiete sind geschlossen oder nur wenige Lifte für die Einheimischen offen. Da kann man sich getrost auf der Couch zurücklehnen und auf die nächste Wintersaison freuen. Aber warum kaufen sich Menschen, die nicht im Salzburger Land leben, die SSS, die Salzburger SuperSkiCard? Sind Tages- und Wochenkarten nicht gut genug?

Nein! Die Kosten sind es nicht. Der Break Even ist schon nach 14 Tagen erreicht. Nicht in Gold aufzuwiegen jedoch ist die gewonnene mentale Freiheit: Bei Nebel und Schlechtwetter lang schlafen. Bei Schneesturm vom Kitzsteinhorn ins ruhige Maria Alm wechseln. Bei Regen mit der Gondel zur Hendlfischerei in Leogang fahren. Bei Überfüllung vom Ankogel zum Mölltaler Gletscher wechseln. Beim Hahnenkammrennen in der ersten Reihe stehen, ohne sich über den verpassten Skitag zu ärgern. Bei Pulverschnee nur bis Mittag fahren und dann Snow Office machen. Die Liste an Pros ist beinahe unendlich. Auf der Contra-Seite steht eigentlich nur der Preis und die Limitierung auf die Skigebiete.

Warum schafften die Salzburger etwas, das auf der ganzen restlichen Welt nicht existiert? Ja. Auch in Salzburg gab es Schlachten. Als die Ski Amadé entstand, waren sich die hochnäsigen Lürzer & Co von Obertauern noch zu gut, dem Verbund beizutreten. Sie wollten sich als eigene Marke etablieren, ähnlich wie Ischgl. Als dann die SSS etabliert wurde, verstanden sogar die listigen Hinterwäldler von Obertauern das Geschäftsmodell. Mittlerweile deckt die SSS Skigebiete in ganz Salzburg, halb Tirol, halb Steiermark und Kärnten ab. Doch wie rechnet sich das?

Abgerechnet wird am Saisonende. Ohne alles zu verraten: Das Geheimnis des Erfolgs ist, dass die SSS lokale Skigebiete stützt. Daher ist der Ort des Kartenkaufs, sowie die Anzahl benutzter Tage entscheidend. Fährt ein Einheimischer, der beispielsweise in Lofer wohnt, fast ausschließlich in seinem Heimatskigebiet, erhält auch dieses das größte Stück vom Kuchen. Fährt ein Wiener

Schneesurfer wie ich in allen möglichen Gebieten, erhalten all diese Gebiete ihren Anteil. Dieses Konzept ist transparent und fair. Nicht gerecht wäre es, wenn teure Skigebiete mit unzähligen Liften wie beispielsweise Saalbach-Hinterglemm-Leogang per se den Löwenanteil bekämen. So macht auch ein kleines Skigebiet Gewinne und alle sind glücklich.

Um es offen auszusprechen: Nicht alles richtig gemacht haben es die Tiroler. Die trennen saisonkartentechnisch ihr Land auf. Tirol divisa est partes tres. Vor, hinter und neben dem Arlberg. Das ist Kitzbühel, Wilder Kaiser, das halbe Zillertal und Wildschönau. Es gibt sie auch, die cleveren Tiroler. Die anderen werden sich noch ewig streiten und spalten die Skifahrer, denn kein Innsbrucker kauft sich drei verschiedene Saisonkarten. Game over. SSS!

Kitzsteinhorn - der perfekte Berg

Kitzsteinhorn. Berg meiner Sehnsucht. Immer da, wenn ich Dich gebraucht habe.

Du bist das Symbol meiner Freiheit, raus aus dem Alltag, rauf auf den Berg. Schönheit strahlst Du aus. Mächtig und dominant sitzt Du zwischen den höchsten Bergspitzen Österreichs. Imposant und doch auch verschlossen. Nicht selten schüttelst Du die losen Steine von Dir ab. Im Winter klebt das Eis an Dir. Und auch die Gefahr. An manchen Tagen zeigst Du Dich von Deiner rauen Seite. Von Zeit zu Zeit rollen Lawinen über den Kammerkees. Unglaubliche Gewalten werden sichtbar. Auch wenn Du nur den übermäßigen Schnee von Dir abschüttelst. Winde jenseits von Windstärke 12. Da zeigst Du Dich von Deiner bedrohlichen Seite. Ja, wir Menschen haben die Natur nicht gezähmt. Du lässt Dich nicht zähmen. An solchen Tagen sind wir klein und verletzlich, während Du majestätisch den Naturgewalten trotzest. Umzingelt vom Nebel, bei dem man kaum mehr die Hand vor Augen sieht. Akustische Orientierungsversuche. Die Suche nach dem mechanischen Surren der Schlepplifte des Schmiedingerkees. Plötzlich geht es ums Überleben. Nur nicht abstürzen in eine Gletscherspalte. Aus der sicheren Abfahrt wird ein Drahtseilakt. Meter um Meter. Jetzt sicher ankommen. Geschafft!

Doch dann strahlst Du die Sonne an und sie erwidert Dein Lächeln. Du bist fantastisch. Du hast die Gefahr vertrieben und glänzest mit leuchtend blau-weißen Schneekristallen. Du zauberst eine Stimmung, die jeden Betrachter in den Bann zieht. Du sprengst die Wolken von Dir. Das Gefühl von Wärme und Wohlbefinden steckt die Menschen an.

Der schroffe Riese hat sich in eine sanfte Königin verwandelt. Steine werden erleuchtet. Kristalle funkeln. Wie Feenstaub ziehen kleine Windchen ihre Spuren durch den Neuschnee und bilden Kreise, die nach Sekunden wieder mit dem Glanz des Pulverschnees verschmelzen. So lieben wir Dich. Das berührt unsere Seele und die Glücksgefühle schweben durch unsere Körper. Jetzt sind wir eins mit Dir. Unserer Königin von Salzburg. Souverän blickst Du ins Tal.

Ja, wir kommen wieder. Wir sind gefangen von Deiner Aura. Deiner Schönheit. Deiner Unendlichkeit.

Lucian Rehm

Sportler. Unternehmer. Musiker. Naturfreund. Gerne ge-
sellschaftlich unterwegs und immer für Neues aufgeschlos-
sen.

Alle Storys von Lucian Rehm zu finden auf

www.story.one

schreib's auf
story.one

Viele Menschen haben einen großen Traum: zumindest einmal in ihrem Leben ein Buch zu veröffentlichen. Bisher konnten sich nur wenige Auserwählte diesen Traum erfüllen. Gerade einmal 1 Million publizierte Autoren gibt es derzeit auf der Welt - das sind 0,013% der Weltbevölkerung.

Wie publiziert man ein eigenes story.one Buch?

Alles, was benötigt wird, ist ein (kostenloser) Account auf story.one. Ein Buch besteht aus zumindest 15 Geschichten, die auf story.one veröffentlicht werden. Diese lassen sich anschließend mit ein paar Mausklicks zu einem Buch anordnen, das sodann bestellt werden kann. Jedes Buch erhält eine individuelle ISBN, über die es weltweit bestellbar ist.

Auch in dir steckt ein Buch.

Lass es uns gemeinsam rausholen. Jede lange Reise beginnt mit dem ersten Schritt - und jedes Buch mit der ersten Story.

#livetotell